MW00441101

Title: The Service of the Small Paraklesis to the Most Holy Theotokos

Printing: First, June 2012

Translation: Based upon the translation by Rev. Archimandrite Ephrem Lash. Adapted to traditional melodies by Arch. Ephrem Lash and David Melling. Rubrics translated by Rev. Fr. Michael Monos.

ISBN: 978-1477691748

Publisher: Newrome Press LLC, PO Box 30608, Columbia, MO 65205

Design: The Rev. Fr. Michael Monos. Typeset in Arno Pro. The icon, Πάντων Χαρά, by Michael Hadjimichael, is used herein by permission. http://www.michaelhadjimichael.com

Greek Text: Original text and rubrics based upon the critical edition, *Αἱ Ἀκολουθίαι τοῦ Μικροῦ καὶ Μεγάλου Παρακλητικοῦ Κανόνος εἰς τὴν Ὑπεραγίαν Θεοτόκον*, Κωνσταντίνου Ι. Μάρκου, Ἀθῆναι, 1997.

Scripture: Psalms and Old Testament scriptures are the translation of Rev. Archimandrite Ephrem Lash. The Gospel reading is taken from the texts of the Revised Standard Version of the Holy Bible, Second Edition, Copyright © 1971.

Website: http://www.newromepress.com

THE SERVICE OF THE SMALL PARAKLESIS TO THE MOST HOLY THEOTOKOS

ἈΚΟΛΟΥΘΊΑ ΤΟΥ͂ ΜΙΚΡΟΥ͂ ΠΑΡΑΚΛΗΤΙΚΟΥ͂ ΚΑΝΌΝΟΣ ΕἸΣ ΤῊΝ ὙΠΕΡΑΓΊΑΝ ΘΕΟΤΌΚΟΝ

NEWROME
PRESS

Dedidcated to Rev. Fr. George. D. Dragas

*"May the Word in you never be smothered
with cares of this life, that you would be-
come unfruitful: but may you walk in the
King's Highway, turning aside neither to
the right hand nor to the left, but led by the
Spirit through the narrow gate."*
                              –SAINT GREGORY THE THEOLOGIAN

ἈΚΟΛΟΥΘΊΑ ΤΟῦ ΜΙΚΡΟῦ
ΠΑΡΑΚΛΗΤΙΚΟῦ ΚΑΝΌΝΟΣ
ΕἸΣ ΤΉΝ ὙΠΕΡΑΓΊΑΝ
ΘΕΟΤΌΚΟΝ

ΠΟΊΗΜΑ ΘΕΟΣΤΗΡΊΚΤΟΥ ΜΟΝΑΧΟῦ

Ὁ Μικρός Παρακλητικός Κανών ψάλλεται ἐν πάσῃ περιστάσει καὶ θλίψει ψυχῆς, κατά δὲ τὰς ἡμέρας τοῦ Δεκαπενταυγούστου, ἐναλλὰξ τοῦ Μεγάλου Παρακλητικοῦ Κανόνος.

Ὁ Ἱερεὺς· Εὐλογητὸς ὁ Θεὸς ἡμῶν πάντοτε, νῦν καὶ ἀεὶ καὶ εἰς τοὺς αἰῶνας τῶν αἰώνων.

Ὁ Ἀναγνώστης· Ἀμήν.

Καὶ ἀναγινώσκει ὁ Προεστώς, ἢ ὁ Ἀναγνώστης (ἐν τοῖς Πατριαρχείοις ὁ Πατριάρχης ἢ ὁ χοροστατῶν Ἀρχιερεύς) τὸν ἑπόμενον Ψαλμόν.

THE SERVICE OF THE
SMALL PARAKLESIS
TO THE MOST HOLY
THEOTOKOS

A POEM OF THEOSTIRIKTOS THE MONK

The Small Supplicatory Canon is sung for any need, and in affliction of soul, as well as during the first fifteen days of August, alternating between it and the Great Supplicatory Canon.

Priest: Blessed is our God, always, now and ever, and unto the ages of ages.

Reader: Amen.

And the President, or the Reader read, (in the Patriarchates, the Patriarch, or the presiding Hierarch) the following Psalm.

Ψαλμὸς 142

Κύριε, εἰσάκουσον τῆς προσευχῆς μου, ἐνώτισαι τὴν δέησίν μου ἐν τῇ ἀληθείᾳ σου, εἰσάκουσόν μου ἐν τῇ δικαιοσύνῃ σου·

Καὶ μὴ εἰσέλθῃς εἰς κρίσιν μετὰ τοῦ δούλου σου, ὅτι οὐ δικαιωθήσεται ἐνώπιόν σου πᾶς ζῶν.

Ὅτι κατεδίωξεν ὁ ἐχθρὸς τὴν ψυχήν μου, ἐταπείνωσεν εἰς γῆν τὴν ζωήν μου, ἐκάθισέ με ἐν σκοτεινοῖς ὡς νεκροὺς αἰῶνος·

Καὶ ἠκηδίασεν ἐπ' ἐμὲ τὸ πνεῦμά μου, ἐν ἐμοὶ ἐταράχθη ἡ καρδία μου.

Ἐμνήσθην ἡμερῶν ἀρχαίων, ἐμελέτησα ἐν πᾶσι τοῖς ἔργοις σου, ἐν ποιήμασι τῶν χειρῶν σου ἐμελέτων.

Διεπέτασα πρὸς σὲ τὰς χεῖράς μου· ἡ ψυχή μου ὡς γῆ ἄνυδρός σοι.

Ταχὺ εἰσάκουσόν μου, Κύριε, ἐξέλιπε τὸ πνεῦμά μου. Μὴ ἀποστρέψῃς τὸ πρόσωπόν σου ἀπ' ἐμοῦ, καὶ ὁμοιωθήσομαι τοῖς καταβαίνουσιν εἰς λάκκον.

Ἀκουστὸν ποίησόν μοι τὸ πρωῒ τὸ ἔλεός σου, ὅτι ἐπὶ σοὶ ἤλπισα. Γνώρισόν μοι, Κύριε, ὁδόν, ἐν ᾗ πορεύσομαι, ὅτι πρὸς σὲ ἦρα τὴν ψυχήν μου.

Psalm 142

O Lord, hear my prayer, give ear to my supplication in Your truth; hear me in Your righteousness,

And enter not into judgment with Your servant; for before You, no one living will be justified.

The enemy pursued my soul. He has lowered my life to the ground. He has set me in darkness like those long dead.

My spirit became despondent with me; my heart was agitated within me.

I remembered the days of old. I meditated on all Your deeds; I pondered the works of Your hands.

I have spread out my arms to You; my soul thirsts for You like waterless land.

Quickly hear me, O Lord; my spirit has become faint. Turn not Your face away from me, lest I become like those who go down into the pit.

Let me hear of Your mercy in the morning, for I have hoped in You. Show me, Lord, the way in which I should walk, for I have lifted up my soul to You.

Ἐξελοῦ με ἐκ τῶν ἐχθρῶν μου, Κύριε, ὅτι πρὸς σὲ κατέφυγον.

Δίδαξόν με τοῦ ποιεῖν τὸ θέλημά σου, ὅτι σὺ εἶ ὁ Θεός μου. Τὸ πνεῦμά σου τὸ ἀγαθὸν ὁδηγήσει με ἐν γῇ εὐθείᾳ·

Ἕνεκεν τοῦ ὀνόματός σου, Κύριε, ζήσεις με, ἐν τῇ δικαιοσύνῃ σου ἐξάξεις ἐκ θλίψεως τὴν ψυχήν μου·

Καὶ ἐν τῷ ἐλέει σου ἐξολοθρεύσεις τοὺς ἐχθρούς μου καὶ ἀπολεῖς πάντας τοὺς θλίβοντας τὴν ψυχήν μου, ὅτι ἐγὼ δοῦλός σου εἰμι.

Καὶ εὐθὺς τό· Θεός Κύριος, ἐξ ἑκατέρων τῶν Χορῶν, ὡς ἑξῆς·

Ψαλμὸς 117
Ἦχος δ΄.

Θεὸς Κύριος, καὶ ἐπέφανεν ἡμῖν· εὐλογημένος ὁ ἐρχόμενος ἐν ὀνόματι Κυρίου.

Στίχ. α΄. *Ἐξομολογεῖσθε τῷ Κυρίῳ, καὶ ἐπικαλεῖσθε τὸ ὄνομα τὸ ἅγιον αὐτοῦ.*

Θεὸς Κύριος, καὶ ἐπέφανεν ἡμῖν, εὐλογημένος ὁ ἐρχόμενος ἐν ὀνόματι Κυρίου.

Rescue me from my enemies, O Lord; to You have I fled.

Teach me to do Your will, for You are my God. Your good Spirit will guide me on level ground.

You will quicken me, O Lord, for Your name's sake. In Your righteousness You will bring my soul out of affliction.

And in Your mercy You will exterminate my enemies. And You will destroy all those who afflict my soul, for I am Your servant.

And immediately the choirs sing God is the Lord *antiphonally, as follows:*

Palm 117

Tone 4.

God is the Lord, and He appeared to us. Blessed is He who comes in the name of the Lord.

Verse 1: *Give thanks to the Lord and call upon His holy name.*

God is the Lord, and He appeared to us. Blessed is He who comes in the name of the Lord.

Στίχ. β΄. *Πάντα τὰ ἔθνη ἐκύκλωσάν μέ, καὶ τῷ ὀνόματι Κυρίου ἠμυνάμην αὐτούς,*

Θεὸς Κύριος, καὶ ἐπέφανεν ἡμῖν, εὐλογημένος ὁ ἐρχόμενος ἐν ὀνόματι Κυρίου.

Στίχ. γ΄. *Παρὰ Κυρίου ἐγένετο αὕτη, καί ἔστι θαυμαστὴ ἐν ὀφθαλμοῖς ἡμῶν.*

Θεὸς Κύριος, καὶ ἐπέφανεν ἡμῖν, εὐλογημένος ὁ ἐρχόμενος ἐν ὀνόματι Κυρίου.

Εἶτα τὰ παρόντα.

Τροπάρια·

Ἦχος δ΄. Ὁ ὑψωθεὶς ἐν τῷ Σταυρῷ.

Τῇ Θεοτόκω ἐκτενῶς νῦν προσδράμωμεν, ἁμαρτωλοὶ καὶ ταπεινοὶ καὶ προσπέσωμεν ἐν μετανοίᾳ, κράζοντες ἐκ βάθους ψυχῆς· Δέσποινα, βοήθησον, ἐφ᾽ ἡμῖν σπλαγχνισθεῖσα· σπεῦσον ἀπολλύμεθα, ὑπὸ πλήθους πταισμάτων· μὴ ἀποστρέψῃς σοὺς δούλους κενούς· σὲ γὰρ καὶ μόνην ἐλπίδα κεκτήμεθα.

Δόξα Πατρὶ καὶ Υἱῷ καὶ ἁγίῳ Πνεύματι.

Τὸ αὐτό, ἢ τὸ Ἀπολυτίκιον τοῦ Ναοῦ.

Καὶ νῦν καὶ ἀεὶ καὶ εἰς τοὺς αἰῶνας τῶν αἰώνων. Ἀμην.

Verse 2: *All the nations surrounded me, but in the name of the Lord I defended myself against them.*

God is the Lord, and He appeared to us. Blessed is He who comes in the name of the Lord.

Verse 3: *This came about from the Lord, and it is wonderful in our eyes.*

God is the Lord, and He appeared to us. Blessed is He who comes in the name of the Lord.

Then the following:

Troparia.

Tone 4. *Lifted up on the Cross.*

Now to the Theotokos let us humble sinners run in haste * and in repentance let us fall down before her feet, * crying aloud with fervor from the depths of our souls, * 'Sovereign Lady, help us now, * have compassion upon us, * hasten, for we perish * from our many offenses. * Let not your servants go empty away; * we have you as our only hope'.

Glory to the Father, and the Son and the Holy Spirit.

The same, or the Apolytikion of the Church.

Both now and forever and to the ages of ages. Amen.

Οὐ σιωπήσωμέν ποτε Θεοτόκε, τὰς δυναστείας σου λαλεῖν οἱ ἀνάξιοι· εἰ μὴ γὰρ σὺ προΐστασο πρεσβεύουσα, τὶς ἡμᾶς ἐρρύσατο, ἐκ τοσούτων κινδύνων; Τίς δὲ διεφύλαξεν, ἕως νῦν ἐλευθέρους; Οὐκ ἀποστῶμεν Δέσποινα ἔκ σοῦ· σοὺς γὰρ δούλους σώζεις ἀεί, ἐκ παντοίων δεινῶν.

Ὁ Ἀναγνώστης·

Ψαλμὸς 50.

(χῦμα)

Ἐλέησόν με ὁ Θεὸς κατὰ τὸ μέγα ἐλεός σου καὶ κατὰ τὸ πλῆθος τῶν οἰκτιρμῶν σου ἐξάλειψον τὸ ἀνόμημά μου.

Ἐπὶ πλεῖον πλῦνόν με ἀπὸ τῆς ἀνομίας μου, καὶ ἀπὸ τῆς ἁμαρτίας μου καθάρισόν με.

Ὅτι τὴν ἀνομίαν μου ἐγὼ γινώσκω, καὶ ἡ ἁμαρτία μου ἐνώπιόν μοῦ ἐστιν διὰ παντός.

Σοὶ μόνῳ ἥμαρτον καὶ τὸ πονηρὸν ἐνώπιόν σου ἐποίησα, ὅπως ἂν δικαιωθῇς ἐν τοῖς λόγοις σου καὶ νικήσῃς ἐν τῷ κρίνεσθαί σε.

Though most unworthy, may we never by silence * fail to proclaim your mighty acts and accomplishments, * for if you do not stand to intercede for us all, * Theotokos, who then * will preserve us in freedom? * Who would have delivered us * from such terrible dangers? * O Sovereign Lady, from all kinds of threats * you save your servants, * may we not abandon you.

Reader:

Psalm 50.
(to be read)

Have mercy on me, O God, in accordance with your great mercy. According to the multitude of your compassion blot out my offence.

Wash me thoroughly from my wickedness, and cleanse me from my sin.

For I acknowledge my wickedness, and my sin is ever before me.

Against you alone I have sinned and done what is evil in your sight, that you may be justified in your words and win when you are judged.

Ἰδοὺ γὰρ ἐν ἀνομίαις συνελήμφθην, καὶ ἐν ἁμαρτίαις ἐκίσσησέ με ἡ μήτηρ μου.

Ἰδοὺ γὰρ ἀλήθειαν ἠγάπησας· τὰ ἄδηλα καὶ τὰ κρύφια τῆς σοφίας σου ἐδήλωσάς μοι.

Ῥαντιεῖς με ὑσσώπῳ καὶ καθαρισθήσομαι· πλυνεῖς με, καὶ ὑπὲρ χιόνα λευκανθήσομαι.

Ἀκουτιεῖς μοι ἀγαλλίασιν καὶ εὐφροσύνην· ἀγαλλιάσονται ὀστέα τεταπεινωμένα.

Ἀπόστρεψον τὸ πρόσωπόν σου ἀπὸ τῶν ἁμαρτιῶν μου, καὶ πάσας τὰς ἀνομίας μου ἐξάλειψον.

Καρδίαν καθαρὰν κτίσον ἐν ἐμοί, ὁ Θεός, καὶ πνεῦμα εὐθὲς ἐγκαίνισον ἐν τοῖς ἐγκάτοις μου.

Μὴ ἀπορρίψῃς μὲ ἀπὸ τοῦ προσώπου σου, καὶ τὸ πνεῦμά σου τὸ ἅγιον σου μὴ ἀντανέλῃς ἀπ' ἐμοῦ.

Ἀπόδος μοὶ τὴν ἀγαλλίασιν τοῦ σωτηρίου σου, καὶ πνεύματι ἡγεμονικῷ στήριξόν με.

Διδάξω ἀνόμους τὰς ὁδούς σου, καὶ ἀσεβεῖς ἐπὶ σὲ ἐπιστρέψουσι.

Ῥῦσαί με ἐξ αἱμάτων, ὁ Θεός, ὁ Θεὸς τῆς σωτηρίας μου, ἀγαλλιάσεται ἡ γλῶσσά μου τὴν δικαιοσύνην σου.

For see, in wickedness I was conceived and in sin my mother bore me.

For see, you have loved truth; you have shown me the hidden and secret things of your wisdom.

You will sprinkle me with hyssop and I shall be cleansed. You will wash me and I shall be made whiter than snow.

You will make me hear of joy and gladness; the bones which have been humbled will rejoice.

Turn away your face from my sins and blot out all my iniquities.

Create a clean heart in me, O God, and renew a right Spirit within me.

Do not cast me out from your presence, and do not take your Holy Spirit from me.

Give me back the joy of your salvation, and establish me with your sovereign Spirit.

I will teach transgressors your ways, and sinners will turn to you again.

O God, the God of my salvation, deliver me from bloodshed and my tongue will rejoice at your justice.

Κύριε, τὰ χείλη μου ἀνοίξεις, καὶ τὸ στόμα μου ἀναγγελεῖ τὴν αἴνεσίν σου.

Ὅτι, εἰ ἠθέλησας θυσίαν, ἔδωκα ἄν· ὁλοκαυτώματα οὐκ εὐδοκήσεις.

Θυσία τῷ Θεῷ πνεῦμα συντετριμμένον· καρδίαν συντετριμμένην καὶ τεταπεινωμένην ὁ Θεὸς οὐκ ἐξουδενώσει.

Ἀγάθυνον, Κύριε, ἐν τῇ εὐδοκίᾳ σου τὴν Σιών, καὶ οἰκοδομηθήτω τὰ τείχη Ἱερουσαλήμ.

Τότε εὐδοκήσεις θυσίαν δικαιοσύνης, ἀναφορὰν καὶ ὁλοκαυτώματα.

Τότε ἀνοίσουσιν ἐπὶ τὸ θυσιαστήριόν σου μόσχους.

Εἶτα, ψάλλομεν τὸν Κανόνα, ἄνευ τῶν Εἱρμῶν.

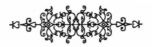

Lord, you will open my lips, and my mouth will proclaim your praise.

For if you had wanted a sacrifice, I would have given it. You will not take pleasure in burnt offerings.

A sacrifice to God is a broken spirit; a broken and a humbled heart God will not despise.

Do good to Sion, Lord, in your good pleasure; and let the walls of Jerusalem be rebuilt.

Then you will be well pleased with a sacrifice of righteousness, oblation and whole burnt offerings.

Then they will offer calves upon your altar.

Then we sing the Canon, without the Heirmoi.

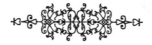

Ὠδὴ α΄. Ἦχος πλ. δ΄. Εἱρμός.

« Ὑγρὰν διοδεύσας ὡσεὶ ξηράν, καὶ τὴν αἰγυπτίαν μοχθηρίαν διαφυγών, ὁ Ἰσραηλίτης ἀνεβόα· Τῷ Λυτρωτῇ καὶ Θεῷ ἡμῶν ᾄσωμεν».

Τροπάρια.

Ὑπεραγία Θεοτόκε, σῶσον ἡμᾶς.

Πολλοῖς συνεχόμενος πειρασμοῖς, πρὸς σὲ καταφεύγω, σωτηρίαν ἐπιζητῶν· ὦ Μῆτερ τοῦ Λόγου καὶ Παρθένε, τῶν δυσχερῶν καὶ δεινῶν με διάσωσον.

Ὑπεραγία Θεοτόκε, σῶσον ἡμᾶς.

Παθῶν με ταράττουσι προσβολαί, πολλῆς ἀθυμίας, ἐμπιπλῶσαί μου τὴν ψυχήν· εἰρήνευσον Κόρη τῇ γαλήνῃ, τῇ τοῦ Υἱοῦ καὶ Θεοῦ σου πανάμωμε.

Δόξα Πατρὶ καὶ Υἱῷ καὶ ἁγίῳ Πνεύματι.

Σωτῶρα τεκοῦσάν σε καὶ Θεόν, δυσωπῶ Παρθένε, λυτρωθῆναί με τῶν δείνων· σοὶ γὰρ νῦν προσφεύγων ἀνατείνω, καὶ τὴν ψυχὴν καὶ τὴν διάνοιαν.

Ode 1. Tone 8. The Irmos.

*On crossing the water as though dry land, * escaping from Egypt * and its miseries in his flight, * the Israelite raised his voice and cried aloud, * 'To our Redeemer and our God now let us sing!'*

Troparia.

Most Holy Theotokos, save us.

By many temptations I am held fast, * and seeking salvation * come for refuge in flight to you * O Mother of God's own Word and Virgin, * from my dread dangers and troubles now rescue me.

Most Holy Theotokos, save us.

The passions torment with their assaults, * despondency's burden * presses heavily on my soul, * with the calm of your Son and God, pure Maiden, * O All-immaculate Virgin, now give me peace.

Glory to the Father, the Son, and the Holy Spirit.

To God and our Saviour, you once gave birth, * pure Maiden, I beg you, * from dread troubles may I be saved, * for as I now run to you for refuge, * it is to you that I lift both my soul and mind.

Καὶ νῦν καὶ ἀεὶ καὶ εἰς τοὺς αἰῶνας τῶν αἰώνων. Ἀμην.

Νοσοῦντα τὸ σῶμα καὶ τὴν ψυχήν, ἐπισκοπῆς θείας, καὶ προνοίας τῆς παρὰ σοῦ, ἀξίωσον μόνη Θεομῆτορ, ὡς ἀγαθὴ ἀγαθοῦ τε λοχεύτρια.

Ὠδὴ γ΄. Ὁ Εἱρμός.

«Οὐρανίας ἁψῖδος ὀροφουργὲ Κύριε, καὶ τῆς Ἐκκλησίας δομῆτορ, σύ με στερέωσον, ἐν τῇ ἀγάπῃ τῇ σῇ, τῶν ἐφετῶν ἡ ἀκρότης, τῶν πιστῶν τὸ στήριγμα, μόνε φιλάνθρωπε».

Τροπάρια.

Ὑπεραγία Θεοτόκε, σῶσον ἡμᾶς.

Προστασίαν καὶ σκέπην ζωῆς ἐμῆς τίθημι, σέ Θεογεννῆτορ Παρθένε· σύ με κυβέρνησον, πρὸς τὸν λιμένα σου, τῶν ἀγαθῶν ἡ αἰτία, τῶν πιστῶν τὸ στήριγμα, μόνη πανύμνητε.

Ὑπεραγία Θεοτόκε, σῶσον ἡμᾶς.

Ἱκετεύω Παρθένε τὸν ψυχικὸν τάραχον, καὶ τῆς ἀθυμίας τὴν ζάλην, διασκεδάσαι μου· σὺ γὰρ, Θεόνυμφε, τὸν ἀρχηγὸν τῆς γαλήνης, τὸν Χριστὸν ἐκύησας, μόνη πανάχραντε.

Both now and ever, and to the ages of ages. Amen.

In body and soul, sick as I am, * consider me worthy, * only Mother of our true God, * of your godly providence and kindness, * for you are good and the one who gave birth to Good.

Ode 3. The Irmos.

*You constructed the heavens' high vault, O Lord, and the Church, * has you as its builder, do you establish me in your love, * you are the pinnacle * of all desires, and foundation, * mankind's only Lover, of all who believe in you.*

Troparia.

Most Holy Theotokos, save us.

As protection I set you and as the shield of my life, * you gave birth to God, Virgin Mother, guide me as a pilot now * into your anchorage, * you the support of the faithful, * source of all good things, you alone the one all-praised.

Most Holy Theotokos, save us.

I entreat you, O Virgin, dispel the strife in my soul, * pacify, I pray you, the tempest of my despondency, * for you, O Bride of God, * gave birth to him who is calm's source, * you gave birth to Christ, you alone are the one all-praised.

Δόξα Πατρὶ καὶ Υἱῷ καὶ ἁγίῳ Πνεύματι.

Εὐεργέτην τεκοῦσα τὸν τῶν καλῶν αἴτιον, τῆς εὐεργεσίας τὸν πλοῦτον, πᾶσιν ἀνάβλυσον· πάντα γὰρ δύνασαι, ὡς δυνατὸν ἐν ἰσχύϊ, τὸν Χριστὸν κυήσασα, Θεομακάριστε.

Καὶ νῦν καὶ ἀεὶ καὶ εἰς τοὺς αἰῶνας τῶν αἰώνων. Ἀμην.

Χαλεπαῖς ἀρρωστίαις, καὶ νοσεροῖς πάθεσιν, ἐξεταζομένῳ Παρθένε, σύ μοι βοήθησον· τῶν ἰαμάτων γάρ, ἀνελλιπῆ σὲ γινώσκω, θησαυρὸν πανάμωμε, τὸν ἀδαπάνητον.

Διάσωσον, ἀπὸ κινδύνων τοὺς δούλους σου Θεοτόκε, ὅτι πάντες μετὰ Θεόν εἰς σὲ καταφεύγομεν, ὡς ἄρρηκτον τεῖχος καὶ προστασίαν.

Ἐπίβλεψον, ἐν εὐμενείᾳ πανύμνητε Θεοτόκε, ἐπὶ τὴν ἐμὴν χαλεπὴν τοῦ σώματος κάκωσιν, καὶ ἴασαι τῆς ψυχῆς μου τὸ ἄλγος.

Εἶτα, μνημονεύει ὁ Ἱερεὺς ἐκείνων, δι᾽ οὓς ἡ Παράκλησις τελεῖται, καὶ ἡμεῖς ψάλλομεν τό· Κύριε ἐλέησον (ιε΄, πεντάκις ἀνὰ τρίς).

Glory to the Father, the Son, and the Holy Spirit.

Benefactor is he whom you bore and cause of all good, * pour out then for all the abundant wealth of his benefits, * power to do all things, * is yours who bore Christ the mighty, * powerful in strength is he, O greatly blessed by God.

Both now and ever, and to the ages of ages. Amen.

Cruel illnesses test me, and passions most damaging, * help me, I beseech you, O Virgin, aid me, all-blameless one, * for I know you to be * the inexhaustible treasure, * never failing storehouse, of healings that have no price.

Save your servants, * from every danger, O Theotokos, * for next after God * we all fly for refuge to you * as unbreachable wall and protection.

With kindness, all-praised Theotokos, * look on the dire affliction of my body * and heal the pain of my soul.

Then the Priest commemorates those for whom the Paraklesis is celebrated, and we sing Lord, Have Mercy **(15 times in sets of three)**.

Ὁ Ἱερεύς·

Ἐλέησον ἡμᾶς ὁ Θεός, κατὰ τὸ μέγα ἔλεός σου, δεόμεθά σου, ἐπάκουσον καὶ ἐλέησον.

Ἔτι δεόμεθα ὑπὲρ τῶν εὐσεβῶν καὶ ὀρθοδόξων χριστιανῶν.

Ἔτι δεόμεθα ὑπὲρ τοῦ Ἀρχιεπισκόπου ἡμῶν *(τοῦ δεῖνος)*, καὶ πάσης τῆς ἐν Χριστῷ ἡμῶν ἀδελφότητος.

Ἔτι δεόμεθα ὑπὲρ ἐλέους, ζωῆς, εἰρήνης, ὑγείας, σωτηρίας, ἐπισκέψεως, συγχωρήσεως καὶ ἀφέσεως τῶν ἁμαρτιῶν τῶν δούλων τοῦ Θεοῦ, πάντων τῶν εὐσεβῶν καὶ ὀρθοδόξων χριστιανῶν, τῶν κατοικούντων καὶ παρεπιδημούντων ἐν τῇ πόλει *(ἢ κώμῃ)* ταύτῃ, τῶν ἐνοριτῶν, ἐπιτρόπων, συνδρομητῶν καὶ ἀφειρωτῶν τῆς ἁγίας Ἐκκλησίας ταύτης.

Ἔτι δεόμεθα ὑπὲρ τῶν δούλων τοῦ Θεοῦ, *(καὶ μνημονεύει ὀνομαστὶ τῶν δι᾽ οὓς ἡ Παράκλησις τελεῖται)*.

Ὅτι ἐλεήμων καὶ φιλάνθρωπος Θεὸς ὑπάρχεις, καὶ σοὶ τὴν δόξαν ἀναπέμπομεν, τῷ Πατρὶ καὶ τῷ Υἱῷ καὶ τῷ ἁγίῳ Πνεύματι, νῦν καὶ ἀεὶ καὶ εἰς τοὺς αἰῶνας τῶν αἰώνων.

Μετὰ τὴν Ἐκφώνησιν, ὁ α´ Χορὸς τό· Ἀμήν, καὶ εἶτα τὸ ἑπόμενον·

Priest:

Have mercy on us, O God, according to your great mercy, we pray you, hear and have mercy.

Again we pray for all pious and Orthodox Christians.

Again we pray for our Archbishop and father (*name*), for all our brotherhood in Christ.

Also we pray for mercy, life, peace, health, salvation, visitation, forgiveness and remission of sins for the servants of God, all pious and Orthodox Christians, those who dwell in or visit this city and parish, the members of this parish, the parish council, those who give help and those who have dedicated gifts in this holy Church.

Also we pray for the servants of God (*and he commemorates the names of those for whom the supplication is being made*).

For you, O God, are merciful, and love mankind, and to you we give glory, to the Father, the Son and the Holy Spirit, now and for ever, and to the ages of ages.

After the Proclamation, the first Choir says: Amen, *and then the following:*

Κάθισμα.

Ἦχος β΄. Τὰ ἄνω ζητῶν.

Πρεσβεία θερμή, καὶ τεῖχος ἀπροσμάχητον, ἐλέους πηγή, τοῦ κόσμου καταφύγιον, ἐκτενῶς βοῶμέν σοι· Θεοτόκε Δέσποινα πρόφθασον, καὶ ἐκ κινδύνων λύτρωσαι ἡμᾶς, ἡ μόνη ταχέως προστατεύουσα.

Εὐθὺς ἄρχεται ὁ Β΄ Χορός.

Ὠδὴ δ΄. Ὁ Εἱρμός.

«Εἰσακήκοα, Κύριε, τῆς οἰκονομίας σου τὸ μυστήριον, κατενόησα τὰ ἔργα σου, καὶ ἐδόξασά σου τὴν Θεότητα».

Τροπάρια.

Ὑπεραγία Θεοτόκε, σῶσον ἡμᾶς.

Τῶν παθῶν μου τὸν τάραχον, ἡ τὸν κυβερνήτην τεκοῦσα Κύριον, καὶ τὸν κλύδωνα κατεύνασον, τῶν ἐμῶν πταισμάτων, Θεονύμφευτε.

Kathisma.

Tone 2. *Thou soughtest the heights.*

Invincible rampart, fervent intercession, * the well-spring of mercy, refuge of the world, to you * we all cry insistently, * 'Sovereign Lady, Mother who bore our God, * hasten, from perils swiftly set us free, * alone you are ever swift in our defence'.

Immediately the second Choir beings.

Ode 4. The Irmos.

*I have heard, Lord, the mystery * of your dispensation, I heard and was afraid, * I have meditated on your works * and exalt and glorify your Deity.*

Troparia.

Most Holy Theotokos, save us.

I entreat you, O Bride of God, * still my passions' tumult, the tempest of my faults, * still the raging turmoil in my soul; * you who brought to birth my pilot and my Lord.

Ὑπεραγία Θεοτόκε, σῶσον ἡμᾶς.

Εὐσπλαγχνίας τὴν ἄβυσσον, ἐπικαλουμένῳ τῆς σῆς παράσχου μοι, ἡ τὸν εὔσπλαγχνον κυήσασα, καὶ Σωτῆρα πάντων τῶν ὑμνούντων σε.

Δόξα Πατρὶ καὶ Υἱῷ καὶ ἁγίῳ Πνεύματι.

Ἀπολαύοντες Πάναγνε, τῶν σῶν δωρημάτων εὐχαριστήριον, ἀναμέλπομεν ἐφύμνιον, οἱ γινώσκοντες σε Θεομήτορα.

Καὶ νῦν καὶ ἀεὶ καὶ εἰς τοὺς αἰῶνας τῶν αἰώνων. Ἀμήν.

Οἱ ἐλπίδα καὶ στήριγμα, καὶ τῆς σωτηρίας τεῖχος ἀκράδαντον, κεκτημένοι σέ Πανύμνητε, δυσχερείας πάσης ἐκλυτρούμεθα.

Ὠδὴ ε΄. Ὁ Εἱρμός.

«Φώτισον ἡμᾶς, τοῖς προστάγμασί σου, Κύριε, καὶ τῷ βραχίονί σου τῷ ὑψηλῷ, τὴν σὴν εἰρήνην, παράσχου ἡμῖν, φιλάνθρωπε».

Most Holy Theotokos, save us.

As I call on you to grant me * your compassion's depths, let me know your tenderness, * you who bore the Saviour of all * who now lift their voices and sing your praise.

Glory to the Father, the Son, and the Holy Spirit.

All-Immaculate Virgin, * we acknowledge you as the Mother of our God * as we offer you our hymns of thanks, * for your many gracious gifts which we enjoy.

Both now and ever, and to the ages of ages. Amen.

As our hope and assurance, * rampart of salvation which none can overthrow * we have gained you, highly honoured one, * and from every trouble you deliver us.

Ode 5. The Irmos.

*Lord, enlighten us, * with your ordinances and commands, * and with your upraised arm grant unto us your peace, * for you alone, O Lord, are Lover of humanity.*

Τροπάρια.

Ὑπεραγία Θεοτόκε, σῶσον ἡμᾶς.

Ἔμπλησον Ἀγνή, εὐφροσύνης τὴν καρδίαν μου, τὴν σὴν ἀκήρατον διδοῦσα χαράν, τῆς εὐφροσύνης, ἡ γεννήσασα τὸν αἴτιον.

Ὑπεραγία Θεοτόκε, σῶσον ἡμᾶς.

Λύτρωσαι ἡμᾶς, ἐκ κινδύνων, Θεοτόκε ἁγνή, ἡ αἰωνίαν τεκοῦσα λύτρωσιν, καὶ τὴν εἰρήνην τὴν πάντα νοῦν ὑπερέχουσαν.

Δόξα Πατρὶ καὶ Υἱῷ καὶ ἁγίῳ Πνεύματι.

Λῦσον τὴν ἀχλύν, τῶν πταισμάτων μου Θεόνυμφε, τῷ φωτισμῷ τῆς σῆς λαμπρότητος, ἡ φῶς τεκοῦσα τὸ θεῖον καὶ προαιώνιον.

Καὶ νῦν καὶ ἀεὶ καὶ εἰς τοὺς αἰῶνας τῶν αἰώνων. Ἀμήν.

Ἴασαι Ἀγνή, τῶν παθῶν μου τὴν ἀσθένειαν, ἐπισκοπῆς σου ἀξιώσασα, καὶ τὴν ὑγείαν τῇ πρεσβείᾳ σου παράσχου μοι.

Troparia.

Most Holy Theotokos, save us.

Fill my heart, I pray, * with your gladness and un-sullied joy, * Virgin most pure, the only Mother of our God, * for you who gave birth to him who is the cause of gladness.

Most Holy Theotokos, save us.

Come, deliver us * from all dangers, Theotokos most pure, * you bore eternal liberation, * the peace which passes all understanding came to birth from you.

Glory to the Father, the Son, and the Holy Spirit.

Dissipate the fog, * Bride of God, the murk of my misdeeds, * with the illumination of your radiance, * you who gave birth to the divine and pre-eternal light.

Both now and ever, and to the ages of ages. Amen.

Heal me, Pure one * heal the sickness that afflicts my soul, * making it worthy of your kindness and your care, * and by your fervent intercession grant me health, I pray.

Ὠδὴ ς'. Ὁ Εἱρμός.

«Τὴν δέησιν ἐκχεῶ πρὸς Κύριον, καὶ αὐτῷ ἀπαγγελῶ μου τὰς θλίψεις· ὅτι κακῶν ἡ ψυχή μου ἐπλήσθη, καὶ ἡ ζωή μου τῷ ᾅδῃ προσήγγισε· καὶ δέομαι ὡς Ἰωνάς· Ἐκ φθορᾶς ὁ Θεός με ἀνάγαγε».

Τροπάρια.

Ὑπεραγία Θεοτόκε, σῶσον ἡμᾶς.

Θανάτου καὶ τῆς φθορᾶς ὡς ἔσωσεν, ἑαυτὸν ἐκδεδωκὼς τῷ θανάτῳ, τὴν τῇ φθορᾷ καὶ θανάτῳ μου φύσιν, κατασχεθεῖσαν Παρθένε δυσώπησον, τὸν Κύριόν σου καὶ Υἱόν, τῆς ἐχθρῶν κακουργίας με ῥύσασθαι.

Ὑπεραγία Θεοτόκε, σῶσον ἡμᾶς.

Προστάτιν σε τῆς ζωῆς ἐπίσταμαι, καὶ φρουρὰν ἀσφαλεστάτην Παρθένε, τῶν πειρασμῶν διαλύουσαν ὄχλον, καὶ ἐπηρείας δαιμόνων ἐλαύνουσαν· καὶ δέομαι διὰ παντός, ἐκ φθορᾶς τῶν παθῶν μου ῥυσθῆναί με.

Ode 6. The Irmos.

*I pour out * my supplication to the Lord, * and to him I shall declare my afflictions, * for, see, my soul has been filled up with evils * and now my life has been drawn very close to Hell. * Like Jonas I appeal to you, * 'O my God, bring me up from corruption!'*

Troparia.

Most Holy Theotokos, save us.

As from death * and from corruption and decay, * when to death and to decay it became captive, * he saved my nature held fast by corruption * giving himself over to the hand of death, * O Virgin, beg your Lord and Son * from the malice of foes to deliver me.

Most Holy Theotokos, save us.

I know you * to be my life's sure guardian * its protection and shield, O pure Virgin, * you who dispel the great throng of temptations, * and drive away assaults of demon hordes, * unceasingly I plead with you, * 'From the passions' corruption deliver me'.

Δόξα Πατρὶ καὶ Υἱῷ καὶ ἁγίῳ Πνεύματι.

Ὡς τεῖχος καταφυγῆς κεκτήμεθα, καὶ ψυχῶν σε παντελῆ σωτηρίαν, καὶ πλατυσμὸν ἐν ταῖς θλίψεσι Κόρη, καὶ τῷ φωτί σου ἀεὶ ἀγαλλόμεθα. Ὦ Δέσποινα καὶ νῦν ἡμᾶς, τῶν παθῶν καὶ κινδύνων διάσωσον.

Καὶ νῦν καὶ ἀεὶ καὶ εἰς τοὺς αἰῶνας τῶν αἰώνων. Ἀμήν.

Ἐν κλίνῃ νῦν ἀσθενῶν κατάκειμαι, καὶ οὐκ ἔστιν ἴασις τῇ σαρκί μου· ἀλλ' ἡ Θεὸν καὶ Σωτῆρα τοῦ κόσμου, καὶ τὸν λυτῆρα τῶν νόσων κυήσασα, σοῦ δέομαι τῆς ἀγαθῆς· Ἐκ φθορᾶς νοσημάτων ἀνάστησον.

Διάσωσον, ἀπὸ κινδύνων τοὺς δούλους σου Θεοτόκε, ὅτι πάντες μετὰ Θεὸν εἰς σὲ καταφεύγομεν, ὡς ἄρρηκτον τεῖχος καὶ προστασίαν.

Ἄχραντε, ἡ διὰ λόγου τὸν Λόγον ἀνερμηνεύτως, ἐπ' ἐσχάτων τῶν ἡμερῶν τεκοῦσα δυσώπησον, ὡς ἔχουσα μητρικὴν παρρησίαν.

Glory to the Father, the Son, and the Holy Spirit.

O Maiden, * complete salvation of our souls, * we have gained you as our rampart of refuge, * as our relief in afflictions and torment, * and in your light evermore we are filled with joy. * O Sovereign Lady, save us now * from the passions and dangers which plague us.

Both now and ever, and to the ages of ages. Amen.

In sickness * and with no healing in my flesh * now I lie upon my bed, yet implore you, * as you gave birth to our God and the world's Saviour, * to him who frees us from sickness and malady, * O good one, hear me, I implore, * 'From disease's corruption now raise me up'.

Save your servants, * from every danger, O Mother of God, * for next after God * we all fly for refuge to you * as unbreachable wall and protection.

Immaculate, * who through a word gave birth to the Word * beyond explanation in the last days, * make intercession, * as you have a mother's freedom to speak.

Εἶτα, μνημονεύει ὁ Ἱερεὺς ἐκείνων, δι᾽ οὓς ἡ Παράκλησις τελεῖται, καὶ ἡμεῖς ψάλλομεν τό· Κύριε ἐλέησον (ιε΄, πεντάκις ἀνὰ τρίς).

Ὁ Ἱερεύς·

Ἐλέησον ἡμᾶς ὁ Θεὸς, κατὰ τὸ μέγα ἔλεός σου, δεόμεθά σου, ἐπάκουσον καὶ ἐλέησον.

Ἔτι δεόμεθα ὑπὲρ τῶν εὐσεβῶν καὶ ὀρθοδόξων χριστιανῶν.

Ἔτι δεόμεθα ὑπὲρ τοῦ Ἀρχιεπισκόπου ἡμῶν (**τοῦ δεῖνος**), καὶ πάσης τῆς ἐν Χριστῷ ἡμῶν ἀδελφότητος.

Ἔτι δεόμεθα ὑπὲρ ἐλέους, ζωῆς, εἰρήνης, ὑγείας, σωτηρίας, ἐπισκέψεως, συγχωρήσεως καὶ ἀφέσεως τῶν ἁμαρτιῶν τῶν δούλων τοῦ Θεοῦ, πάντων τῶν εὐσεβῶν καὶ ὀρθοδόξων χριστιανῶν, τῶν κατοικούντων καὶ παρεπιδημούντων ἐν τῇ πόλει (**ἢ κώμῃ**) ταύτῃ, τῶν ἐνοριτῶν, ἐπιτρόπων, συνδρομητῶν καὶ ἀφειρωτῶν τῆς ἁγίας Ἐκκλησίας ταύτης.

Ἔτι δεόμεθα ὑπὲρ τῶν δούλων τοῦ Θεοῦ, (**καὶ μνημονεύει ὀνομαστὶ τῶν δι᾽ οὓς ἡ Παράκλησις τελεῖται**).

Then the Priest commemorates those for whom the Paraklesis is celebrated, and we sing Lord, Have Mercy *(15 times in sets of three).*

Priest:

Have mercy on us, O God, according to your great mercy, we pray you, hear and have mercy.

Again we pray for all pious and Orthodox Christians.

Again we pray for our Archbishop and father *(name),* for all our brotherhood in Christ.

Also we pray for mercy, life, peace, health, salvation, visitation, forgiveness and remission of sins for the servants of God, all pious and Orthodox Christians, those who dwell in or visit this city and parish, the members of this parish, the parish council, those who give help and those who have dedicated gifts in this holy Church.

Also we pray for the servants of God *(and he commemorates the names of those for whom the supplication is being made).*

Ὅτι ἐλεήμων καὶ φιλάνθρωπος Θεὸς ὑπάρχεις, καὶ σοὶ τὴν δόξαν ἀναπέμπομεν, τῷ Πατρὶ καὶ τῷ Υἱῷ καὶ τῷ ἁγίῳ Πνεύματι, νῦν καὶ ἀεὶ καὶ εἰς τοὺς αἰῶνας τῶν αἰώνων.

Μετὰ τὴν Ἐκφώνησιν, ὁ β΄ Χορὸς τό· Ἀμήν, καὶ εἶτα τὸ ἑπόμενον·

Κοντάκιον.

Ἦχος β΄

Προστασία τῶν Χριστιανῶν ἀκαταίσχυντε, μεσιτεία πρὸς τὸν ποιητὴν ἀμετάθετε, μὴ παρίδῃς ἁμαρτωλῶν δεήσεων φωνάς· ἀλλὰ πρόφθασον ὡς ἀγαθή, εἰς τὴν βοήθειαν ἡμῶν, τῶν πιστῶς κραυγαζόντων σοι· Τάχυνον εἰς πρεσβείαν, καὶ σπεῦσον εἰς ἱκεσίαν, ἡ προστατεύουσα ἀεί, Θεοτόκε, τῶν τιμώντων σε.

Τὸ Α΄ Ἀντίφωνον τῶν Ἀναβαθμῶν.

Ἦχος Δ΄.

Ἐκ νεότητός μου, πολλὰ πολεμεῖ μὲ πάθη· ἀλλ᾽ αὐτὸς ἀντιλαβοῦ, καὶ σῶσον, Σωτήρ μου. *(β΄)*

For you, O God, are merciful, and love mankind, and to you we give glory, to the Father, the Son and the Holy Spirit, now and for ever, and to the ages of ages.

After the Proclamation, the second Choir says: Amen, *and then the following:*

Kontakion.

Tone 2.

Protection of Christians that cannot be put to shame, ∗ unfailing mediation with the Maker, ∗ do not despise the voices of us sinners as we pray; ∗ but, in your love, be quick to help us ∗ who cry to you with faith, ∗ 'Hasten to intercede, ∗ make speed to entreat, ∗ O Theotokos', ∗ for you ever protect those who honour you.

The First Antiphon of the Anavathmoi.

Tone 4.

Since my youth have many passions waged war against me. O my Savior, nonetheless do help me and save me. *(x2)*

Οἱ μισοῦντες Σιών, αἰσχύνθητε ἀπὸ τοῦ Κυρίου· ὡς χόρτος γὰρ πυρὶ ἔσεσθε ἀπεξηραμμένοι. (β΄)

Δόξα Πατρὶ καὶ Υἱῷ καὶ ἁγίῳ Πνεύματι.

Ἁγίῳ Πνεύματι, πᾶσα ψυχὴ ζωοῦται, καὶ καθάρσει ὑψοῦται, λαμπρύνεται, τῇ Τριαδικῇ ὀνάδι, ἱεροκρυφίως.

Καὶ νῦν καὶ ἀεὶ καὶ εἰς τοὺς αἰῶνας τῶν αἰώνων. Ἀμην.

Ἁγίῳ Πνεύματι, ἀναβλύζει, τὰ τῆς χάριτος ῥείθρα, ἀρδεύοντα, ἄπασαν τὴν κτίσιν, πρὸς ζωογονίαν.

Καὶ εὐθὺς τρὶς τό·

Προκείμενον.

Ἦχος δ΄.

Μνησθήσομαι τοῦ ὀνόματός σου, ἐν πάσῃ γενεᾷ καὶ γενεᾷ. (β΄)

Στίχ. *Ἄκουσον, Θύγατερ, καὶ ἴδε, καὶ κλῖνον τὸ οὖς σου, καὶ ἐπιλάθου τοῦ λαοῦ σου, καὶ τοῦ οἴκου τοῦ πατρός σου, καὶ ἐπιθυμήσει ὁ Βασιλεὺς τοῦ κάλλους σου.*

Μνησθήσομαι τοῦ ὀνόματός σου, ἐν πάσῃ γενεᾷ καὶ γενεᾷ.

You, the haters of Zion, be put to shame by the Lord, for like thatch in fire you will be completely dried up. *(x2)*

Glory to the Father, the Son, and the Holy Spirit.

From the Holy Spirit every soul receives life, and through cleansing is lifted and brightened, in a hidden, sacred manner, by the trinal Monad.

Both now and ever, and to the ages of ages. Amen.

From the Holy Spirit do the streams of grace well forth; they irrigate everything created, so that life be engendered

And immediately three times:

Prokeimenon.

Tone 4.

I shall remember your name in every generation and generation. *(x2)*.

Verse: *Hearken, O daughter, and see, and incline your ear; and forget your people and your father's house; and the King shall desire your beauty.*

I shall remember your name in every generation and generation.

Ὁ Ἱερεύς·

Καὶ ὑπὲρ τοῦ καταξιωθῆναι ἡμᾶς τῆς ἀκροάσεως τοῦ ἁγίου Εὐαγγελίου, Κύριον τὸν Θεὸν ἡμῶν ἱκετεύσωμεν.

Ὁ Χορός· Κύριε, ἐλέησον (γ').

Ὁ Ἱερεύς· Σοφία· ὀρθοὶ ἀκούσωμεν τοῦ ἁγίου Εὐαγγελίου.

Ὁ Ἱερεύς· Εἰρήνη πᾶσι.

Ὁ Χορός· Καὶ τῷ πνεύματί σου.

Ὁ Ἱερεύς· Ἐκ τοῦ κατὰ Λουκᾶν ἁγίου Εὐαγγελίου, τὸ ἀνάγνωσμα. Πρόσχωμεν.

Ὁ Χορός· Δόξα σοι, Κύριε, δόξα σοι.

Ὁ Ἱερεύς·

(Λουκ. α' 39-49, 56).

Ἐν ταῖς ἡμέραις ἐκείναις, ἀναστᾶσα δὲ Μαριὰμ ἐν ταῖς ἡμέραις ταύταις ἐπορεύθη εἰς τὴν ὀρεινὴν μετὰ σπουδῆς, εἰς πόλιν Ἰούδα, καὶ εἰσῆλθεν εἰς τὸν οἶκον Ζαχαρίου, καὶ ἠσπάσατο τὴν Ἐλισάβετ, καὶ ἐγένετο ὡς ἤκουσεν ἡ Ἐλισάβετ τὸν ἀσπασμὸν τῆς Μαρίας, ἐσκίρτησε τὸ βρέφος ἐν τῇ κοιλίᾳ αὐτῆς, καὶ ἐπλήσθη Πνεύματος Ἁγίου ἡ Ἐλισάβετ, καὶ ἀνεφώνησε φωνῇ μεγάλῃ, καὶ εἶπεν, Εὐλογημένη

The Priest:

And that we may be accounted worthy of hearing the holy Gospel, let us entreat the Lord our God.

People: Lord, have mercy *(x3)*.

Priest: Wisdom. Arise. Let us hear the holy Gospel.

Priest: Peace to all.

People: And to your Spirit.

Priest: The Reading is from the holy Gospel according to Luke. Let us be attentive.

People: Glory to you, O Lord, glory to you!

The Priest:

(Luke. 1:39-49,56)

In those days Mary arose and went with haste into the hill country, to a city of Judah, and she entered the house of Zacharias and greeted Elizabeth. And when Elizabeth heard the greeting of Mary, the babe leaped in her womb; and Elizabeth was filled with the Holy Spirit and she exclaimed with a loud cry, "Blessed are you among women, and blessed is the

σῦ ἐν γυναιξῖ, καὶ εὐλογημένος ὁ καρπὸς τῆς κοιλίας σου, καὶ πόθεν μοι τοῦτο, ἵνα ἔλθη ἡ μήτηρ τοῦ Κυρίου μου πρὸς μέ; ἰδοὺ γάρ, ὡς ἐγένετο ἡ φωνὴ τοῦ ἀσπασμοῦ σου εἰς τὰ ὦτά μου, ἐσκίρτησεν ἐν ἀγαλλιάσει τὸ βρέφος ἐν τῇ κοιλίᾳ μου, καὶ μακαρία ἡ πιστεύσασα, ὅτι ἔσται τελείωσις τοῖς λελαλημένοις αὐτῇ παρὰ Κυρίου. Καὶ εἶπε Μαριάμ, Μεγαλύνει ἡ ψυχή μου τὸν Κύριον, καὶ ἠγαλλίασε τὸ πνεῦμα μου ἐπὶ τῷ Θεῷ τῷ σωτῆρί μου, ὅτι ἐπέβλεψεν ἐπὶ τὴν ταπείνωσιν τῆς δούλης αὐτοῦ. ἰδοὺ γάρ, ἀπὸ τοῦ νῦν μακαριοῦσι μὲ πᾶσαι αἱ γενεαί. ὅτι ἐποίησέ μοι μεγαλεία ὁ δυνατός, καὶ ἅγιον τὸ τὸ ὄνομα αὐτοῦ. Ἔμεινε δὲ Μαριὰμ σὺν αὐτῇ ὡσεὶ μῆνας τρεῖς, καὶ ὑπέστρεψεν εἰς τὸν οἶκον αὐτῆς.

Ὁ Χορός· Δόξα σοι, Κύριε, δόξα σοι.

Καὶ εἶτα ἀρχομένου τοῦ α' Χοροῦ, ψάλλομεν·

Ἦχος β'.

Δόξα Πατρὶ καὶ Υἱῷ καὶ ἁγίῳ Πνεύματι.

Πάτερ, Λόγε, Πνεῦμα, Τριὰς ἡ ἐν Μονάδι, ἐξάλειψον τὰ πλήθη, τῶν ἐμῶν ἐγκλημάτων.

Καὶ νῦν καὶ ἀεὶ καὶ εἰς τοὺς αἰῶνας τῶν αἰώνων. Ἀμην.

fruit of your womb! And why is this granted me, that the mother of my Lord should come to me? For behold, when the voice of your greeting came to my ears, the babe in my womb leaped for joy. And blessed is she who believed that there would be a fulfilment of what was spoken to her from the Lord." And Mary said, "My soul magnifies the Lord, and my spirit has rejoiced in God my Savior, for He has regarded the humility of His handmaiden. For behold, henceforth all generations will call me blessed; for He who is mighty has done great things for me, and holy is His name." And Mary remained with her about three months, and returned to her home.

Choir: Glory, to you, Lord, Glory to you.

And then the first Choir beings singing:

Tone 2.

Glory to the Father, the Son, and the Holy Spirit.

Father, Word and Spirit, * Trinity in Unity, * blot out the multitude of my transgressions.

Both now and ever, and to the ages of ages. Amen.

Ταῖς τῆς Θεοτόκου, πρεσβείαις ἐλέημον, ἐξάλειψον τὰ πλήθη, τῶν ἐμῶν ἐγκλημάτων.

Στίχ. Ἐλέησον μέ, ὁ Θεός, κατὰ τὸ μέγα ἔλεός σου, καὶ κατὰ τὸ πλῆθος τῶν οἰκτιρμῶν σου ἐξάλειψον τὸ ἀνόμημά μου.

Ἦχος πλ. β'.
Ὅλην ἀποθέμενοι.

Μὴ καταπιστεύσῃς με, ἀνθρωπίνῃ προστασίᾳ, Παναγία Δέσποινα, ἀλλὰ δέξαι δέησιν τοῦ ἱκέτου σου· θλῖψις γὰρ ἔχει με, φέρειν οὐ δύναμαι, τῶν δαιμόνων τὰ τοξεύματα· σκέπην οὐ κέκτημαι, οὐδὲ ποῦ προσφύγω ὁ ἄθλιος, πάντοθεν πολεμούμενος, καὶ παραμυθίαν οὐκ ἔχω πλήν σου. Δέσποινα τοῦ κόσμου, ἐλπὶς καὶ προστασία τῶν πιστῶν, μή μου παρίδῃς τὴν δέησιν, τὸ συμφέρον ποίησον.

Θεοτοκία.

Οὐδεὶς προστρέχων ἐπί σοί, κατησχυμένος ἀπὸ σοῦ ἐκπορεύεται, ἁγνὴ Παρθένε Θεοτόκε· ἀλλ᾽ αἰτεῖται τὴν χάριν, καὶ λαμβάνει τὸ δώρημα, πρὸς τὸ συμφέρον τῆς αἰτήσεως.

Through the prayers of the Theotokos, O Merciful One, blot out the multitude of my transgressions.

Verse: *Have mercy on me, O God, according to Your great mercy; and according to the multitude of Your compassions blot out my transgression.*

Tone Pl. 2.
Having placed all your hope.

Sovereign and all-holy one, * do not trust me to protection * which is merely human, * but accept the pleading of your supplicant, * anguish has hold of me, * nor can I endure * the hostile demons' arrows; * no shelter can I find, * no, nor place of refuge, wretch that I am, * from every side I am assailed, * and, save you, I find none that offers solace, * Queen of all creation, * Protection of the faithful and our hope, * do not despise my entreaty, * but take action for my good.

Theotokion.

No one who has recourse to you * goes from your presence put to shame and rejected, * O Theotokos, pure Virgin, * but asking for grace * they receive gifts and benefits * most advantageous to the plea they make.

Μεταβολὴ τῶν θλιβομένων, ἀπαλλαγὴ τῶν ἀσθενούντων ὑπάρχουσα, Θεοτόκε Παρθένε, σῶζε πόλιν καὶ λαόν, τῶν πολεμουμένων ἡ εἰρήνη, τῶν χειμαζομένων ἡ γαλήνη, ἡ μόνη προστασία τῶν πιστῶν.

Ὁ Ἱερεύς·

Σῶσον, ὁ Θεός, τὸν λαόν σου καὶ εὐλόγησον τὴν κληρονομίαν σου ἐπίσκεψαι τὸν κόσμον σου ἐν ἐλέει καὶ οἰκτιρμοῖς, ὕψωσον κέρας Χριστιανῶν Ὀρθοδόξων καὶ κατάπεμψον ἐφ᾽ ἡμᾶς τὰ ἐλέη σου τὰ πλούσια· πρεσβείαις τῆς παναχράντου δεσποίνης ἡμῶν Θεοτόκου καὶ ἀειπαρθένου Μαρίας· δυνάμει τοῦ τιμίου καὶ ζωοποιοῦ Σταυροῦ· προστασίαις τῶν τιμίων ἐπουρανίων δυνάμεων Ἀσωμάτων· ἱκεσίαις τοῦ τιμίου, ἐνδόξου, προφήτου, προδρόμου καὶ βαπτιστοῦ Ἰωάννου· τῶν ἁγίων ἐνδόξων, καὶ πανευφήμων Ἀποστόλων· τῶν ἐν ἁγίοις πατέρων ἡμῶν, μεγάλων ἱεραρχῶν καὶ οἰκουμενικῶν διδασκάλων, Βασιλείου τοῦ Μεγάλου, Γρηγορίου τοῦ Θεολόγου καὶ Ἰωάννου τοῦ Χρυσοστόμου, Ἀθανασίου καὶ Κυρίλλου, Ἰωάννου τοῦ Ἐλεήμονος, πατριαρχῶν Ἀλεξανδρείας, Νικολάου τοῦ ἐν Μύροις τῆς Λυκίας, Σπυρίδωνος, ἐπισκόπου Τριμυθοῦντος, καὶ Νεκταρίου τῆς Πενταπόλεως, τῶν θαυματουρ-

For the afflicted, transformation * and liberation for the ailing * are you, O Theotokos, Virgin: * save your City, save us all. * To all those embattled, you are peace, * you are calm to those tossed by the tempest * the one Protection of the faithful.

The Priest:

O God, save Your people and bless Your inheritance; visit Your world with mercy and compassion; exalt the horn of Orthodox Christians, and send down upon us Your rich mercies: through the intercessions of our all-immaculate Lady Theotokos and ever-virgin Mary; by the power of the precious and life-giving Cross; by the protection of the venerable bodiless Powers of heaven; at the supplications of the honorable, glorious Prophet, Forerunner and Baptist John; of the holy, glorious and all-laudable Apostles; of our fathers among the saints, the great hierarchs and ecumenical teachers, Basil the Great, Gregory the Theologian, and John Chrysostom; Athanasius and Cyril, John the Merciful, patriarchs of Alexandria; Nicholas archbishop of Myra, Spyridon bishop of Trimythus, Dionysios of Aegina, and Nectarios of Pentapolis the wonderworkers; of the holy and glorious Great Martyrs George the Tro-

γῶν· τῶν ἁγίων ἐνδόξων μεγαλομαρτύρων Γεωργίου τοῦ Τροπαιοφόρου, Δημητρίου τοῦ Μυροβλύτου, Θεοδώρου τοῦ Τήρωνος, καὶ Θεοδώρου τοῦ Στρατηλάτου καὶ Μήνα τοῦ θαυμαρτουργοῦ, τῶν ἱερομαρτύρων Χαραλάμπους καὶ Ἐλευθερίου· τῶν ἁγίων ἐνδόξων καὶ καλλινίκων μαρτύρων· τῶν ὁσίων καὶ θεοφόρων πατέρων ἡμῶν· *(τοῦ Ἁγίου τοῦ Ναοῦ, ἐφ'ὅσον δὲν ἐμνημονεύ ἐν τοῖς ἄνω)*, τῶν ἁγίων καὶ δικαίων θεοπατόρων Ἰωακεὶμ καὶ Ἄννης, *(τοῦ Ἁγίου τῆς ἡμέρας, ἐὰν ἑορτάζηται)* καὶ πάντων σου τῶν Ἁγίων· ἱκετεύομέν σε, μόνε πολυέλεε Κύριε, ἐπάκουσον ἡμῶν τῶν ἁμαρτωλῶν δεομένων σου καὶ ἐλέησον ἡμᾶς.

Ὁ Χορός· Κύριε, ἐλέησον. *(ιβ΄)*

Ὁ Ἱερεὺς·

Ἐλέει καὶ οἰκτιρμοῖς καὶ φιλανθρωπίᾳ τοῦ μονογενοῦς σου Υἱοῦ, μεθ' οὗ εὐλογητὸς εἶ, σὺν τῷ παναγίῳ καὶ ἀγαθῷ καὶ ζωοποιῷ σου Πνεύματι, νῦν καὶ ἀεῖ καὶ εἰς τοὺς αἰῶνας τῶν αἰώνων.

Καὶ ἀποπληροῦμεν τὰς λοιπὰς Ὠδὰς τοῦ Κανόνος.

Ὁ Χορός· Ἀμήν.

phybearer, Demetrios the Myrrhstreamer, Theodore the Soldier and Theodore the General, Menas the Wonderworker, and the Hieromartyrs Haralambos and Eleftherios; of the holy, glorious, right victorious Martyrs; of our venerable and Godbearing fathers; of *(the saint of the church, if not commemorated above)*; of the holy and righteous ancestors of God Joachim and Anna; of *(the saint of the day)* whose memory we celebrate today, and of all Your saints. We beseech You, only very merciful Lord, hearken unto us sinners who pray to You, and have mercy on us.

People: Lord, have mercy. *(x12)*

The Priest:

By the mercy and compassion and love towards mankind of your only-begotten Son, with whom you are blessed, together with your all-holy, good and life-giving Spirit, now and for ever, and to the ages of ages.

And we complete the other Odes of the Canon.

Choir: Amen.

Ὠδὴ ζ'. Ὁ Εἱρμός.

«Οἱ ἐκ τῆς Ἰουδαίας, καταντήσαντες παῖδες ἐν Βαβυλῶνι ποτέ, τῇ πίστει τῆς Τριάδος, τὴν φλόγα τῆς καμίνου, κατεπάτησαν ψάλλοντες· Ὁ τῶν πατέρων ἡμῶν, Θεὸς εὐλογητὸς εἶ».

Τροπάρια.

Ὑπεραγία Θεοτόκε, σῶσον ἡμᾶς.

Τὴν ἡμῶν σωτηρίαν, ὡς ἠθέλησας Σῶτερ οἰκονομήσασθαι, ἐν μήτρᾳ τῆς Παρθένου, κατῴκησας τῷ κόσμῳ, ἣν προστάτιν ἀνέδειξας· Ὁ τῶν πατέρων ἡμῶν, Θεὸς εὐλογητὸς εἶ.

Ὑπεραγία Θεοτόκε, σῶσον ἡμᾶς.

Θελητὴν τοῦ ἐλέους, ὃν ἐγέννησας, Μῆτερ ἁγνὴ δυσώπησον, ῥυσθῆναι τῶν πταισμάτων, ψυχῆς τε μολυσμάτων, τοὺς ἐν πίστει κραυγάζοντας· Ὁ τῶν πατέρων ἡμῶν, Θεὸς εὐλογητὸς εἶ.

Δόξα Πατρὶ καὶ Υἱῷ καὶ ἁγίῳ Πνεύματι.

Θησαυρὸν σωτηρίας, καὶ πηγὴν ἀφθαρσίας τὴν σὲ κυήσασαν, καὶ πύργον ἀσφαλείας, καὶ

Ode 7. The Irmos.

*The Three Youths from Judea * who attained to the faith of the holy Trinity * in Babylon of old, * sang out as they trampled * on the furnace's raging flames, * 'Blessed are you, O God, * the God of our Fathers!'*

Troparia.

Most Holy Theotokos, save us.

With the will to accomplish * our salvation, O Saviour, you made your dwelling place * within the Virgin's womb, * revealed her as the champion * and protection for all the world. * 'Blessed are you, O God, * the God of our Fathers!'

Most Holy Theotokos, save us.

O pure Mother implore him * who desires to grant mercy, the one you brought to birth, * that they may be set free * from faults and soul's defilements, * those who cry out with faith and sing, * 'Blessed are you, O God, * the God of our Fathers!'

Glory to the Father, the Son, and the Holy Spirit.

You revealed her who bore you * as a tower of safety, as incorruption's fount, * salvation's treasury * and doorway to repentance * for all those

θύραν μετανοίας, τοῖς κραυγάζουσιν ἔδειξας· Ὁ τῶν πατέρων ἡμῶν, Θεὸς εὐλογητὸς εἶ.

Καὶ νῦν καὶ ἀεὶ καὶ εἰς τοὺς αἰῶνας τῶν αἰώνων. Ἀμήν.

Σωμάτων μαλακίας, καὶ ψυχῶν ἀρρωστίας Θεογεννήτρια, τῶν πόθῳ προσιόντων, τῇ σκέπῃ σου τῇ θείᾳ, θεραπεύειν ἀξίωσον, ἡ τὸν Σωτῆρα Χριστόν, ἡμῖν ἀποτεκοῦσα.

Ὠδὴ η΄. Ὁ Εἱρμός.

«*Τὸν Βασιλέα τῶν Οὐρανῶν ὃν ὑμνοῦσι, στρατιαὶ τῶν Ἀγγέλων ὑμνεῖτε, καὶ ὑπερυψοῦτε εἰς πάντας τοὺς αἰῶνας*».

Τροπάρια.

Ὑπεραγία Θεοτόκε, σῶσον ἡμᾶς.

Τοὺς βοηθείας τῆς παρὰ σοῦ δεομένους, μὴ παρίδῃς Παρθένε ὑμνοῦντας, καὶ ὑπερυψοῦντάς σε Κόρη εἰς αἰῶνας.

who now cry aloud, * 'Blessed are you, O God, * the God of our Fathers!'

Both now and ever, and to the ages of ages. Amen.

As you bore Christ the Saviour * for our sake, deign to heal from all sicknesses of the soul * and weakness of the body * those who with love and longing, * O most pure, who gave birth to God, * come close to you, to draw near * to your divine protection.

Ode 8. The Irmos.

*The King of heaven, * whose praise the Angels are singing, * all the hosts of the bodiless powers * praise him and exalt him most highly to all ages.*

Troparia.

Most Holy Theotokos, save us.

Do not despise those * who beg your help, O pure Virgin, * as they raise their song up in your honor, * praising and exalting you, Maiden, to the ages.

Ὑπεραγία Θεοτόκε, σῶσον ἡμᾶς.

Τῶν ἰαμάτων τὸ δαψιλὲς ἐπιχέεις, τοῖς πιστῶς ὑμνοῦσί σε Παρθένε, καὶ ὑπερυψοῦσι τὸν ἄφραστόν σου τόκον.

Δόξα Πατρὶ καὶ Υἱῷ καὶ ἁγίῳ Πνεύματι.

Τὰς ἀσθενείας μου τῆς ψυχῆς ἰατρεύεις, καὶ σαρκὸς τὰς ὀδύνας Παρθένε, ἵνα σὲ δοξάζω τὴν κεχαριτωμένην.

Καὶ νῦν καὶ ἀεὶ καὶ εἰς τοὺς αἰῶνας τῶν αἰώνων. Ἀμην.

Τῶν πειρασμῶν σὺ τὰς προσβολὰς ἐκδιώκεις, καὶ παθῶν τὰς ἐφόδους Παρθένε, ὅθεν σε ὑμνοῦμεν εἰς πάντας τοὺς αἰῶνας.

Ὠδὴ θ΄. Ὁ Εἱρμός.

«Κυρίως Θεοτόκον, σὲ ὁμολογοῦμεν, οἱ διὰ σοῦ σεσωσμένοι Παρθένε ἁγνή, σὺν ἀσωμάτοις χορείαις σὲ μεγαλύνοντες».

Most Holy Theotokos, save us.

Unending rivers ∗ of healings you pour, O Virgin, ∗ for all those who hymn, extol and praise you, ∗ those whose songs exalt your Birth-Giving beyond language.

Glory to the Father, the Son, and the Holy Spirit.

You cure, O Virgin, ∗ all my soul's weakness and sickness, ∗ and the flesh's tormenting afflictions, ∗ so that I may sing of your glory, Highly Favoured.

Both now and ever, and to the ages of ages. Amen.

The passions' onslaughts ∗ and the assaults of temptations ∗ you, O Virgin, repel and drive from us, ∗ wherefore we shall praise and hymn you to all ages.

Ode 9. The Irmos.

We who through you, O Virgin, ∗ have been saved confess you ∗ to be most truly the one who gave birth to God, ∗ with all the choirs of the heavens you we now magnify.

Τροπάρια.

Ὑπεραγία Θεοτόκε, σῶσον ἡμᾶς.

Ροήν μου τῶν δακρύων, μὴ ἀποποιήσῃς, ἡ τὸν παντὸς ἐκ προσώπου πᾶν δάκρυον, ἀφῃρηκότα Παρθένε Χριστὸν κυήσασα.

Ὑπεραγία Θεοτόκε, σῶσον ἡμᾶς.

Χαρᾶς μου τὴν καρδίαν, πλήρωσον Παρθένε, ἡ τῆς χαρᾶς δεξαμένη τὸ πλήρωμα, τῆς ἁμαρτίας τὴν λύπην ἐξαφανίσασα.

Ὑπεραγία Θεοτόκε, σῶσον ἡμᾶς.

Λιμὴν καὶ προστασία, τῶν σοὶ προσφευγόντων, γενοῦ Παρθένε καὶ τεῖχος ἀκράδαντον, καταφυγή τε καὶ σκέπη καὶ ἀγαλλίαμα.

Δόξα Πατρὶ καὶ Υἱῷ καὶ ἁγίῳ Πνεύματι.

Φωτός σου ταῖς ἀκτῖσι, λάμπρυνον Παρθένε, τὸ ζοφερὸν τῆς ἀγνοίας διώκουσα, τοὺς εὐσεβῶς Θεοτόκον σὲ καταγγέλλοντας.

Troparia.

Most Holy Theotokos, save us.

Do not reject my weeping, * tears that flow unceasing, * for you, O Virgin, gave birth to our Savior Christ, * and it is he who has wiped every tear from every face.

Most Holy Theotokos, save us.

Come, fill my heart, O Virgin, * fill my heart with gladness, * for you received in his fullness the joy of all, * and made the pain and the sadness of sin now disappear.

Most Holy Theotokos, save us.

O Virgin, be the haven, * shelter and protection * of those who flee to you, rampart unshakeable, * may they have as their refuge, their gladness and their joy.

Glory to the Father, the Son, and the Holy Spirit.

Dispel the fog of error, * ignorance's darkness, * and let your light's rays, O Virgin, illumine those * who with devotion proclaim you the Theotokos.

Καὶ νῦν καὶ ἀεὶ καὶ εἰς τοὺς αἰῶνας τῶν αἰώνων. Ἀμην.

Κακώσεως ἐν τόπῳ, τῷ τῆς ἀσθενείας, ταπεινω-θέντα Παρθένε θεράπευσον, ἐξ ἀρρωστίας εἰς ῥῶσιν, μετασκευάζουσα.

Καὶ εὐθύς·

Ἄξιόν ἐστιν ὡς ἀληθῶς, μακαρίζειν σε τὴν Θεοτόκον, τὴν ἀειμακάριστον καὶ παναμώμητον καὶ Μητέρα τοῦ Θεοῦ ἡμῶν.

Τὴν τιμιωτέραν τῶν Χερουβείμ, καὶ ἐνδοξοτέραν ἀσυγκρίτως τῶν Σεραφείμ, τὴν ἀδιαφθόρως Θεὸν Λόγον τεκοῦσαν· τὴν ὄντως Θεοτόκον σὲ μεγαλύνομεν.

Καὶ θυμιᾷ ὁ ἱερεὺς τὸ Θυσιαστήριον καὶ τὸν Ναόν, ἢ τὸν οἶκον, ὅπου ψάλλεται ἡ Παράκλησις· καὶ ἡμεῖς ψάλλομεν τὰ παρόντα Μεγαλυνάρια.

Τὴν ὑψηλοτέραν τῶν οὐρανῶν, καὶ καθαρωτέραν, λαμπηδόνων ἡλιακῶν, τὴν λυτρωσαμένην ἡμᾶς ἐκ τῆς κατάρας, τὴν Δέσποιναν τοῦ κόσμου, ὕμνοις τιμήσωμεν.

Both now and ever, and to the ages of ages. Amen.

Heal one laid low and wretched, * in a place of sickness, * a place, O Virgin, of ill and of wretchedness, * grant transformation from weakness and feebleness to health.

And immediately:

It is truly right to call you blessed, * who gave birth to God, * ever-blessed and most pure, and Mother of our God.

Greater in honor than the Cherubim * and beyond compare more glorious than the Seraphim, * without corruption * you gave birth to God the Word; * the true Theotokos, * we magnify you.

And the Priest censes the Sanctuary and the Temple, or the home, or wherever the Paraklesis is sung, and we sing the following Megalynaria.

Higher than the heavens is she by far, * and yet more resplendent than the sun with its blazing rays, * she who has delivered * us from the curse's power, * in hymns now let us honor * her who rules all the world.

Ἀπὸ τῶν πολλῶν μου ἁμαρτιῶν, ἀσθενεῖ τὸ σῶμα, ἀσθενεῖ μου καὶ ἡ ψυχή· πρὸς σὲ καταφεύγω, τὴν Κεχαριτωμένην· ἐλπὶς ἀπηλπισμένων, σύ μοι βοήθησον.

Δέσποινα καὶ Μήτηρ τοῦ Λυτρωτοῦ, δέξαι παρακλήσεις, ἀναξίων σῶν ἱκετῶν, ἵνα μεσιτεύσῃς πρὸς τὸν ἐκ σου τεχθέντα. Ὦ Δέσποινα τοῦ κόσμου, γενοῦ μεσίτρια.

Ψάλλομεν προθύμως σοι τὴν ᾠδήν, νῦν τῇ πανυμνήτῳ, Θεοτόκῳ χαρμονικῶς. Μετὰ τοῦ Προδρόμου καὶ πάντων τῶν Ἁγίων, δυσώπει Θεοτόκε, τοῦ οἰκτειρῆσαι ἡμᾶς.

Ἄλαλα τὰ χείλη τῶν ἀσεβῶν, τῶν μὴ προσκυνούντων, τὴν εἰκόνα σου τὴν σεπτήν, τὴν ἱστορηθεῖσαν ὑπὸ τοῦ ἀποστόλου, Λουκᾶ ἱερωτάτου, τὴν ὁδηγήτριαν.

Πᾶσαι τῶν Ἀγγέλων αἱ στρατιαί, Πρόδρομε Κυρίου, Ἀποστόλων ἡ δωδεκάς, οἱ Ἅγιοι πάντες, μετὰ τῆς Θεοτόκου, ποιήσατε πρεσβείαν, εἰς τὸ σωθῆναι ἡμᾶς.

From the swarming multitude of my sins, * both my soul and body are now weakened, they are both sick, * O Most Highly Favoured, * to you I run for refuge, * the hope of those who have none, * grant me, I pray you, your help.

Mother of the One who redeemed us all, * hear the supplications your unworthy household makes, * be our intercessor * with him, the One born from you, * the world's true Sovereign Lady, * become our Advocate.

Fervently and joyfully we now sing * hymns and odes to you, the all-praised Theotokos, * with the Lord's Forerunner * and all the Saints in heaven, * implore your Son, O Mother, * to show us pity now.

Let the impious' lips be bereft of speech, * who do not worship this your icon, the all-revered, * this which was depicted * by Luke, the Lord's Apostle, * the icon with the title, * 'She who points out the Way'.

All you hosts of heaven, the Angel Ranks, * John, the Lord's Forerunner, the Apostles, the holy Twelve, * Saints beyond all number, * with our God's own Mother, * make intercession for us, * that we may all be saved.

Ἅγιος ὁ Θεός, Ἅγιος Ἰσχυρός, Ἅγιος Ἀθάνατος, ἐλέησον ἡμᾶς. *(γ)*

Δόξα Πατρὶ, καὶ Υἱῷ, καὶ Ἁγίῳ Πνεύματι. Καὶ νῦν καὶ ἀεὶ, καὶ εἰς τοὺς αἰῶνας τῶν αἰώνων. Ἀμήν.

Παναγία Τριάς, ἐλέησον ἡμᾶς. Κύριε, ἱλάσθητι ταῖς ἁμαρτίαις ἡμῶν, Δέσποτα, συγχώρησον τὰς ἀνομίας ἡμῖν. Ἅγιε, ἐπίσκεψαι καὶ ἴασαι τὰς ἀσθενείας ἡμῶν, ἕνεκεν τοῦ ὀνόματός σου.

Κύριε, ἐλέησον. *(γ)* Δόξα Πατρὶ, καὶ Υἱῷ, καὶ Ἁγίῳ Πνεύματι. Καὶ νῦν καὶ ἀεὶ, καὶ εἰς τοὺς αἰῶνας τῶν αἰώνων. Ἀμήν.

Πάτερ ἡμῶν ὁ ἐν τοῖς οὐρανοῖς, ἁγιασθήτω τὸ ὄνομά σου. Ἐλθέτω ἡ βασιλεία σου. Γενηθήτω τὸ θέλημά σου, ὡς ἐν οὐρανῷ, καὶ ἐπὶ τῆς γῆς. Τὸν ἄρτον ἡμῶν τὸν ἐπιούσιον δὸς ἡμῖν σήμερον. Καὶ ἄφες ἡμῖν τὰ ὀφειλήματα ἡμῶν, ὡς καὶ ἡμεῖς ἀφίεμεν τοῖς ὀφειλέταις ἡμῶν. Καὶ μὴ εἰσενέγκης ἡμᾶς εἰς πειρασμόν, ἀλλὰ ῥῦσαι ἡμᾶς ἀπὸ τοῦ πονηροῦ.

The Reader reads the Trisagion.

Holy God, Holy Mighty, Holy Immortal, have mercy on us. *(x3)*

Glory to the Father and the Son and the Holy Spirit, now and forever and to the ages of ages. Amen.

All-holy Trinity, have mercy on us. Lord, forgive our sins. Master, pardon our transgressions. Holy One, visit and heal our infirmities for the glory of Your name.

Lord, have mercy. *(x3)* Glory to the Father and the Son and the Holy Spirit, now and forever and to the ages of ages. Amen.

Our Father, who art in heaven, hallowed be Thy name. Thy kingdom come. Thy will be done, on earth as it is in heaven. Give us this day our daily bread; and forgive us our trespasses, as we forgive those who trespass against us. And lead us not into temptation, but deliver us from the evil one.

Ὁ Ἱερεύς·

Ὅτι σοῦ ἐστιν ἡ Βασιλεία, καὶ ἡ δύναμις, καὶ ἡ δόξα, τοῦ Πατρός, καὶ τοῦ Υἱοῦ, καὶ τοῦ ἁγίου Πνεύματος, νῦν καὶ ἀεὶ καὶ εἰς τοὺς αἰῶνας τῶν αἰώνων.

Ὁ Χορὸς· Ἀμήν.

Καὶ τὰ ἑπόμενα·

Κατανυκτικὰ Τροπάρια.

Ἦχος πλ. β'

Ἐλέησον ἡμᾶς, Κύριε, ἐλέησον ἡμᾶς· πάσης γὰρ ἀπολογίας ἀποροῦντες, ταύτην σοι τὴν ἱκεσίαν, ὡς Δεσπότῃ, οἱ ἁμαρτωλοὶ προσφέρομεν· Ἐλέησον ἡμᾶς.

Δόξα Πατρὶ, καὶ Υἱῷ, καὶ Ἁγίῳ Πνεύματι.

Κύριε, ἐλέησον ἡμᾶς· ἐπὶ σοὶ γὰρ πεποίθαμεν· μὴ ὀργισθῇς ἡμῖν σφόδρα, μηδὲ μνησθῇς τῶν ἀνομιῶν ἡμῶν· ἀλλ' ἐπίβλεψον καὶ νῦν ὡς εὔσπλαγχνος, καὶ λύτρωσαι ἡμᾶς ἐκ τῶν ἐχθρῶν ἡμῶν· σὺ γὰρ εἶ Θεὸς ἡμῶν, καὶ ἡμεῖς λαός σου· πάντες ἔργα χειρῶν σου, καὶ τὸ ὄνομά σου ἐπικεκλήμεθα.

The Priest:

For yours is the Kingdom and the Power and the Glory, of the Father and the Son and the Holy Spirit, always now and forever and to the ages of ages.

Choir: Amen.

And the following:

Troparia of Compunction.
Tone 6.

Have mercy on us, Lord, have mercy on us; for we sinners, lacking all defence, offer you, as our Master, this supplication: have mercy on us.

Glory to the Father, the Son, and the Holy Spirit.

Lord, have mercy on us, for in you we have put our trust. Do not be very angry with us, nor remember our iniquities. But look on us now, as you are compassionate, and rescue us from our enemies. For you are our God, and we are your people; we are all the work of your hands, and we have called on your name.

Καὶ νῦν καὶ ἀεὶ καὶ εἰς τοὺς αἰῶνας τῶν αἰώνων. Ἀμην.

Τῆς εὐσπλαγχνίας τὴν πύλην ἄνοιξον ἡμῖν εὐλογημένη Θεοτόκε, ἐλπίζοντες εἰς σὲ μὴ ἀστοχήσωμεν, ῥυσθείημεν διὰ σοῦ τῶν περιστάσεων· σὺ γὰρ εἶ ἡ σωτηρία, τοῦ γένους τῶν χριστιανῶν.

Μετὰ ταῦτα, ὁ Ἱερεὺς τὰ ἀκόλουθα, ἡμῶν ἀποκρινομένων ἐν ἑκάστῃ τῶν Αἰτήσεων διὰ τοῦ· Κύριε, ἐλέησον. (γ΄)

Ὁ Ἱερεὺς·

Ἐλέησον ἡμᾶς ὁ Θεός, κατὰ τὸ μέγα ἔλεός σου, δεόμεθά σου, ἐπάκουσον καὶ ἐλέησον.

Ἔτι δεόμεθα ὑπὲρ τῶν εὐσεβῶν καὶ ὀρθοδόξων χριστιανῶν.

Ἔτι δεόμεθα ὑπὲρ τοῦ Ἀρχιεπισκόπου ἡμῶν (**τοῦ δεῖνος**), καὶ πάσης τῆς ἐν Χριστῷ ἡμῶν ἀδελφότητος.

Ἔτι δεόμεθα ὑπὲρ ἐλέους, ζωῆς, εἰρήνης, ὑγείας, σωτηρίας, ἐπισκέψεως, συγχωρήσεως καὶ ἀφέσεως τῶν ἁμαρτιῶν τῶν δούλων τοῦ Θεοῦ, πάντων τῶν εὐσεβῶν καὶ ὀρθοδόξων χριστιανῶν, τῶν κατοικούντων καὶ παρεπιδημούντων ἐν τῇ πόλει (**ἢ κώμῃ**) ταύτῃ, τῶν ἐνοριτῶν, ἐπιτρόπων, συνδρομητῶν καὶ ἀφειρωτῶν τῆς ἁγίας Ἐκκλησίας ταύτης.

Both now and ever, and to the ages of ages. Amen.

Open the gate of compassion to us, blessed Theotokos; hoping in you, may we not fail. Through you may we be delivered from adversities, for you are the salvation of the Christian race.

After these, the Priest continues with the litany; our response to each of the petitions is: Lord, have mercy. (x3)

The Priest:

Have mercy on us, O God, according to your great mercy, we pray you, hear and have mercy.

Again we pray for all pious and Orthodox Christians.

Again we pray for our Archbishop and father *(name)*, for all our brotherhood in Christ.

Also we pray for mercy, life, peace, health, salvation, visitation, forgiveness and remission of sins for the servants of God, all pious and Orthodox Christians, those who dwell in or visit this city and parish, the members of this parish, the parish council, those who give help and those who have dedicated gifts in this holy Church.

Ἔτι δεόμεθα ὑπὲρ τῶν δούλων τοῦ Θεοῦ *(καὶ μνημονεύει ὀνομαστὶ τῶν δι'οὕς ἡ Παράκλησις τελεῖται).*

Ἔτι δεόμεθα ὑπὲρ τοῦ διαφυλαχθῆναι τὴν ἁγίαν Ἐκκλησίαν καὶ τὴν πόλιν ταύτην, καὶ πᾶσαν πόλιν καὶ χώραν ἀπὸ ὀργῆς, λοιμοῦ, λιμοῦ, σεισμοῦ, καταποντισμοῦ, πυρός, μαχαίρας, ἐπιδρομῆς ἀλλοφύλων, ἐμφιλίου πολέμου, καὶ αἰφνιδίου θανάτου· ὑπὲρ τὸν ἵλεων, εὐμενῆ καὶ εὐδιάλακτον γενέσθαι τὸν ἀγαθὸν καὶ φιλάνθρωπον Θεὸν ἡμῶν, τοῦ ἀποστρέψαι καὶ διασκεδάσαι πᾶσαν ὀργὴν καὶ νόσον τὴν καθ' ἡμῶν κινουμένην καὶ ῥύσασθαι ἡμᾶς ἐκ τῆς ἐπικειμένης δικαίας αὐτοῦ ἀπειλῆς καὶ ἐλεῆσαι ἡμᾶς.

Οἱ Χοροί· Κύριε, ἐλέησον *(μ', ἀνὰ ι' ἐναλλὰξ).*

Ἔτι δεόμεθα καὶ ὑπὲρ τοῦ εἰσακοῦσαι Κύριον τὸν Θεὸν φωνῆς τῆς δεήσεως ἡμῶν τῶν ἁμαρτωλῶν καὶ ἐλεῆσαι ἡμᾶς.

Ὁ Χορός· Κύριε, ἐλέησον *(γ')*

Also we pray for the servants of God *(and he com-memorates the names of those for whom the supplication is being made).*

Also we pray for the protection of this city and land from plague, famine, earthquake, flood, fire, sword, invasion by enemies, civil war and sudden death; and that our good God, who loves mankind, will be merciful, kindly and easily entreated, will turn away and dispel all wrath and disease stirred up against us, and deliver us from his just threat that hangs over us, and have mercy on us.

Choirs: Lord, have mercy. *(40x, sung antiphonally in sets of 10).*

Also we pray that the Lord, our God, will hearken to the voice of supplication of us sinners and have mercy on us.

Choir: Lord, have mercy *(3x)*

Ὁ Ἱερεύς·

(ἐν τοῖς Πατριαρχείοις ὁ Πατριάρχης ἢ ὁ χοροστατῶν Ἀρχιερεύς)

Επάκουσον ἡμῶν, ὁ Θεός, ὁ Σωτὴρ ἡμῶν, ἡ ἐλπὶς πάντων τῶν περάτων τῆς γῆς καὶ τῶν ἐν θαλάσσῃ μακράν, καὶ ἵλεως, ἵλεως γενοῦ ἡμῖν, Δέσποτα ἐπὶ ταῖς ἁμαρτίαις ἡμῶν, καὶ ἐλέησον ἡμᾶς. Ἐλεήμων γὰρ καὶ φιλάνθρωπος Θεὸς ὑπάρχεις καὶ σοὶ τὴν δόξαν ἀναπέμπομεν, τῷ Πατρὶ καὶ τῷ Υἱῷ καὶ τῷ ἁγίῳ Πνεύματι νῦν καὶ ἀεὶ καὶ εἰς τοὺς αἰῶνας τῶν αἰώνων.

Ὁ Χορὸς· Ἀμήν.

Καὶ ὁ Ἱερεὺς ποιεῖ τὴν Μικρὰν Ἀπόλυσιν.

Δόξα σοι ὁ Θεός, ἡ ἐλπὶς ἡμῶν, Κύριε, δόξα Σοι. Χριστὸς ὁ ἀληθινὸς Θεὸς ἡμῶν ταῖς πρεσβείαις τῆς Παναχράντου καὶ Παναμώμου Ἁγίας αὐτοῦ Μητρός, Δεσποίνης ἡμῶν Θεοτόκου καὶ ἀειπαρθένου Μαρίας· Προστασίαις τῶν τιμίων ἐπουρανίων Δυνάμεων Ἀσωμάτων· τῶν ἁγίων ἐνδόξων καὶ πανευφήμων Ἀποστόλων· τοῦ ἁγίου **(τοῦ Ναοῦ ἢ τῆς Μονῆς)** · τῶν ἁγίων καὶ δικαίων Θεοπατόρων Ἰωακεὶμ καὶ Ἄννης· τοῦ ἁγίου **(τῆς ἡμέρας)** οὗ τὴν μνήμην ἐπιτελοῦμεν καὶ πάντων τῶν ἁγίων, ἐλεῆσαι καὶ σῶσαι ἡμᾶς, ὡς ἀγαθὸς καὶ φιλάνθρωπος καὶ ἐλεήμων Θεός.

Priest:

In the Patriarchates, the Patriarch, or the presiding Hierarch.

Hear us, O God our Saviour, the hope of all the ends of the earth and of those far off on the sea; and show pity, show pity, Master, on our sins, and have mercy on us. For you, O God, are merciful and love mankind, and to you we give glory, to the Father, the Son and the Holy Spirit, now and for ever, and to the ages of ages.

Choir: Amen.

And the Priest does the Small Dismissal.

Glory to you, our God, our hope, glory to you. May Christ our true God, at the prayers of his most pure and holy Mother, our Lady, the Theotokos, and ever-virgin Mary; the protection of the honorable Bodiless Powers of heaven; the intercessions of the holy, glorious and all-praised Apostles; of Saint **N.** *(the patron of the church or Monastery)*; of the holy and righteous ancestors of God, Joachim and Anne; of Saint(s) **N.**, whose memory we celebrate, and of all the Saints, have mercy on us and save us, for he is good and loves mankind.

Κατὰ τὴν περίοδον τοῦ Δεκαπενταυγούστου,
Ἀπόλυσις ἡ τοῦ Ἑσπερινοῦ, ἤτοι·

Ὁ Ἱερεύς· Σοφία.

Ὁ Χορὸς· Εὐλόγησον.

Ὁ Ἱερεύς· Ὁ ὢν εὐλογητὸς Χριστὸς ὁ Θεὸς ἡμῶν, πάντοτε, νῦν καὶ ἀεὶ καὶ εἰς τοὺς αἰῶνας τῶν αἰώνων.

Ὁ Χορὸς· Ἀμήν.

Ὁ Ἀρχιερεύς ἤ ὁ Προεστώς ἤ ὁ Ἀναγνώστης·

Στερεώσαι Κύριος ὁ Θεὸς τὴν ἁγίαν καὶ ἀμώμητον πίστιν τῶν εὐσεβῶν καὶ ὀρθοδόξων Χριστιανῶν, σὺν τῇ ἁγίᾳ αὐτοῦ Ἐκκλησίᾳ, καὶ τῇ Πόλει ταύτῃ *(ἤ τῇ χώρᾳ, ἤ τῇ Μονῇ, ἤ τῇ Νήσῳ ταύτῃ)* εἰς αἰῶνας αἰώνων.

Ὁ Χορὸς· Ἀμήν.

Ὁ Ἱερεὺς·

Ὑπεραγία Θεοτόκε, σῶσον ἡμᾶς.

Ὁ Ἀναγνώστης λέγει·

Τὴν τιμιωτέραν τῶν Χερουβείμ καὶ ἐνδοξοτέραν ἀσυγκρίτως τῶν Σεραφείμ, τὴν ἀδιαφθόρως Θεὸν Λόγον τεκοῦσαν, τὴν ὄντως Θεοτόκον σὲ μεγαλύνομεν.

*During the period of the 15 days of August,
the Dismissal of Vespers is such:*

Priest: Wisdom.

Choir: Bless.

Priest: Blessed is he who is Christ our God, always now and forever, and to the ages of ages.

Choir: Amen.

The High Priest or the President or the Reader:

May the Lord God strengthen the holy and pure faith of devout and orthodox Christians, with his holy Church and this city *(or land, Monastery, island)*, unto ages of ages.

Choir: Amen.

Priest:

Most Holy Theotokos, save us.

Reader says:

Greater in honor than the Cherubim, and beyond compare more glorious than the Seraphim, without corruption you gave birth to God the Word; truly the Theotokos, we magnify you.

Ὁ Ἱερεύς· Δόξα σοι, ὁ Θεὸς ἡμῶν, δόξα σοι.

Ὁ Ἀναγνώστης· Δόξα Πατρὶ καὶ Υἱῷ καὶ ἁγίῳ Πνεύματι. Καὶ νῦν καὶ ἀεὶ καὶ εἰς τοὺς αἰῶνας τῶν αἰώνων. Ἀμήν. Κύριε ἐλέησον (γ) Πάτερ ἅγιε, εὐλόγησον.

Καὶ ὁ Ἱερεὺς ποιεῖ τὴν Ἀπόλυσιν ὡς ἀνωτέρω, προστιθεμένου διὰ τὰς μεθεόρτους τῆς Θείας τοῦ Σωτῆρος Μεταμορφώσεως ἡμέρας τοῦ χαρακτηριστικοῦ τῆς Ἑορτῆς·

Ὁ ἐν τῷ ὄρει τῷ Θαβὼρ μεταμορφωθεὶς ἐν δόξῃ ἐνώπιον τῶν ἁγίων αὐτοῦ μαθητῶν καὶ Ἀποστόλων....

Μετ᾿ αὐτὴν δέ, τῶν χριστιανῶν ἀσπαζομένων τὴν Εἰκόνα τῆς Θεοτόκου, ψάλλονται τὰ παρόντα·

Τροπάρια.

Ἦχος β'. Ὅτε ἐκ τοῦ ξύλου.

Πάντων προστατεύεις ἀγαθή, τῶν καταφευγόντων ἐν πίστει, τῇ κραταιᾷ σου χειρί· ἄλλην γὰρ οὐκ ἔχομεν, ἁμαρτωλοὶ πρὸς Θεόν, ἐν κινδύνοις καὶ θλίψεσιν, ἀεὶ μεσιτείαν, οἱ κατακαμπτόμενοι ὑπὸ πταισμάτων πολλῶν, Μῆτερ τοῦ Θεοῦ τοῦ Ὑψίστου· ὅθεν σοι προσπίπτομεν· ῥῦσαι, πάσης περιστάσεως τοὺς δούλους σου.

Priest: Glory to you, our God, our hope, glory to you.

Reader: Glory to the Father, and the Son and the Holy Spirit. Both now and always and to the ages of ages amen. Lord have mercy *(x3)*. Holy Father, give the blessing.

And the Priest does the dismissal as above, inserting the characteristic introduction on the midfeast of the Divine Transfiguration of our Savior:

May he who was transfigured in glory on Mount Tabor before his Holy Disciples and Apostles...

After this, the Christians venerate the icon of the Theotokos, as the following are sung:

Troparia.

Tone 2. *When he took you down.*

All those, loving Virgin, you protect, * with your mighty hand, who in faith come * to seek refuge with you; * for we sinners, bowed beneath the weight of many faults, * have no other who in our dangers and our afflictions * is ever-present intercessor before God, * Mother of God, the Most High, * whence we fall before you, 'Deliver * all your servants in every predicament'.

Ὅμοιον.

Π άντων θλιβομένων ἡ χαρά, καὶ ἀδικουμένων προστάτις, καὶ πενομένων τροφή, ξένων τε παράκλησις, καὶ βακτηρία τυφλῶν, ἀσθενούντων ἐπίσκεψις, καταπονουμένων, σκέπη καὶ ἀντίληψις, καὶ ὀρφανῶν βοηθός, Μῆτερ τοῦ Θεοῦ τοῦ Ὑψίστου, σὺ ὑπάρχεις· Ἄχραντε, σπεῦσον, δυσωποῦμεν, ῥύσασθαι τοὺς δούλους σου.

Ἦχος πλ. δ΄.

Δ έσποινα, πρόσδεξαι, τὰς δεήσεις τῶν δούλων σου, καὶ λύτρωσαι ἡμᾶς, ἀπὸ πάσης ἀνάγκης καὶ θλίψεως.

Ἦχος β΄.

Τ ὴν πᾶσαν ἐλπίδα μου εἰς σὲ ἀνατίθημι, Μῆτερ τοῦ Θεοῦ, φύλαξόν με ὑπὸ τὴν σκέπην σου.

Same Melody.

Joy of all who are afflicted, * champion of all dealt injustice, * the food for those who are in need, * you, the stranger's advocate, support and staff of the blind, * loving care of the sick are you, to all who are crushed down * shield, defence and aid are you, the orphan's succour and help, * Mother of our God the Most High, * hasten, All-Immaculate, hasten, * hear our prayer, deliver all your servants.

Tone Pl. 4.

Accept the pleadings * of your servants, O Lady, * and rescue us from every constraint and affliction.

Tone 2.

All my hope I lay on you, * Mother of God. * Guard me beneath your protection.

Κατὰ τὴν περίοδον τοῦ Δεκαπενταυγούστου,
ἀντ᾽ αὐτοῦ ψάλλονται τὰ ἑξῆς·

Ἐξαποστειλάρια.

Ἦχος γ΄.

Ἀπόστολοι ἐκ περάτων, συναθροισθέντες ἐνθάδε,
Γεθσημανῇ τῷ χωρίῳ, κηδεύσατέ μου τὸ σῶμα·
καὶ σὺ Υἱὲ καὶ Θεέ μου, παράλαβέ μου τὸ πνεῦμα.

Ὁ γλυκασμὸς τῶν ἀγγέλων, τῶν θλιβομένων
ἡ χαρά, Χριστιανῶν ἡ προστάτις, Παρθένε
μήτηρ Κυρίου, ἀντιλαβοῦ μου καὶ ῥῦσαι, τῶν αἰωνίων
βασάνων.

Καὶ σὲ μεσίτριαν ἔχω, πρὸς τὸν φιλάνθρωπον
Θεόν· μή μου ἐλέγξῃ τὰς πράξεις, ἐνώπιον τῶν
ἀγγέλων· παρακαλῶ σε Παρθένε, βοήθησόν μοι ἐν
τάχει.

Χρυσοπλοκώτατε πύργε, καὶ δωδεκάτειχε πόλις,
ἡλιοστάλακτε θρόνε, καθέδρα τοῦ Βασιλέως,
ἀκατανόητον θαῦμα· πῶς γαλουχεῖς τὸν Δεσπότην;

During the 15 days of August,
instead of the above, the following are sung:

Exaposteilaria.

Tone 3.

Apostles, you assembled here * brought here from the earth's furthest limits, * here in the bounds of Gethsemane * I bid you inter my body. * And you, my Son and my God, * my dear Son, receive my spirit.

O sweetness of the Angels, * the joy of all those in distress, * the Virgin Mother of the Lord, * you are the protection of Christians, * come to my aid, deliver me * from the eternal torments.

For you I have as advocate * before the God who loves mankind, * do not expose what I have done * before the sight of the Angels, * and I entreat you, O Virgin, * pray, come to my aid, come swiftly.

O Tower wreathed in gold, * O glorious Twelve-walled City, * The Throne from which the sun pours down, * the Seat of the King of all, * O wonder beyond understanding! * How is it you suckle the Master?

Ὁ Ἱερεύς·

Δι᾽ εὐχῶν τῶν ἁγίων πατέρων ἡμῶν, Κύριε Ἰησοῦ Χριστὲ ὁ Θεός, ἐλέησον καὶ σῶσον ἡμᾶς.

Ὁ Χορὸς· Ἀμήν.

The Priest:

Through the prayers of our Holy Fathers, Lord Jesus Christ our God, have mercy upon us and save us.

Choir: Amen.

ΤΕΛΟΣ
ΚΑΙ ΤΩ ΘΕΩ ΔΟΞΑ

NEWROME
PRESS

Manufactured by Amazon.ca
Bolton, ON